AF244615

AFFAIRE

DE

LA VIGILANTE,

BATIMENT NÉGRIER DE NANTES.

A PARIS,

DE L'IMPRIMERIE DE CRAPELET.

1823.

AFFAIRE

DE LA VIGILANTE,

BATIMENT NÉGRIER DE NANTES.

La narration que nous publions est extraite de documens officiels et authentiques. La planche qui l'accompagne représente un bâtiment employé à la Traite des Nègres, qui fut capturé par le lieutenant Mildmay, dans la rivière Bonny, sur la côte d'Afrique, le 15 avril 1822. Ce brick, nommé *la Vigilante*, appartenait à la marine de Nantes. Il était de 240 tonneaux, et avait à bord, au moment où il fut pris, 345 esclaves. Il était monté de 30 hommes, armé de 4 pièces de 12, lesquelles furent amenées sur un des côtés, pour l'attaque. Voici les détails de cette affaire, tels qu'on les rapporte.

Sir Robert Mends commandait, sur la côte d'Afrique, une escadre qui y stationnait, par ordre du gouvernement anglais, pour empêcher les infractions aux lois relatives à l'abolition de la Traite des Nègres. Il expédia le lieutenant Mildmay, avec les embarcations de son escadre, pour faire une reconnaissance dans la rivière Bonny, endroit où il était notoire que ce trafic avait lieu. Les embarcations ayant franchi la barre, peu d'instans après le lever du soleil, à sept heures environ, six voiles (deux goëlettes et quatre bricks) furent aperçues à l'ancre, à la hauteur de la ville de Bonny. Lorsque les embarcations furent à environ quatre milles de distance, elles mirent leurs pavillons dehors; et, en avançant, on vit clairement les bâtimens négriers amarrés en travers de la rivière, avec des embossures à leurs câbles, tous armés, ayant, suivant les apparences, à peu près 400 esclaves à bord, et leurs équipages dans une attitude qui annonçait qu'ils étaient prêts à résister à toute attaque qui pourrait être dirigée contre eux. Les deux goëlettes et trois des bricks ouvrirent un feu nourri, de mitraille et de mousqueterie, sur les embarcations anglaises, lorsqu'ils les virent s'approcher. Aussitôt que ces embarcations se trouvèrent assez près pour que leurs coups portassent, elles répondirent au feu des bâtimens, qui tous tombèrent bientôt en leur pouvoir.

C'étaient, outre *la Vigilante*, *l'Yeanam*, goëlette espagnole, de la Havanne, de 306 tonneaux, 380 esclaves à bord; *le Vicna*, autre goëlette espagnole, aussi de la Havanne, 180 tonneaux, 325 esclaves à bord; *la petite Betsy*, brick français, de Nantes, 184 tonneaux, 218 esclaves à bord; *l'Ursule*, brigantin français, de Saint-Pierre-Martinique, 100 tonneaux, 347 esclaves à bord: tous montés et armés de manière à pouvoir se battre en désespérés, s'ils étaient attaqués. *Le Théodore*, brick français, n'avait pas d'esclaves à bord; mais ceux qu'il devait prendre étaient à terre, et n'attendaient que le moment d'être embarqués.

Un grand nombre d'esclaves sautèrent à la mer, pendant le combat, et furent dévorés par les requins. A bord de *l'Yeanam*, qui fit la résistance la plus opiniâtre, les esclaves eurent beaucoup à souffrir; quatre furent tués et dix blessés. Dans les dix blessés se trouvaient trois femmes : une pauvre jeune fille d'environ dix ans eut les deux jambes emportées ; une autre perdit le bras droit, et la troisième reçut un coup de feu dans le côté. Même après avoir rendu leur bâtiment aux Anglais, quelques uns des matelots espagnols se cachèrent dans la cale, et armant de fusils les esclaves, les firent tirer sur les Anglais. Le lieutenant Mildmay vit à bord de ce bâtiment une jeune négresse, de douze à treize ans environ, chargée d'une lourde chaîne, de dix pieds de long, qu'elle traînait en marchant. Il ordonna qu'elle fût à l'instant même délivrée de ses fers ; et pour que le capitaine qui l'avait traitée si cruellement pût apprécier le supplice qu'il avait lâchement infligé à une malheureuse enfant, innocente et sans protection, il le fit à l'instant charger de ces mêmes fers.

La goëlette espagnole *le Vicna*, lorsqu'elle fut prise, avait à bord une mèche allumée, pendante sur le magasin à poudre qui était ouvert. Elle avait été allumée et placée en cet endroit par les marins de l'équipage, avant qu'ils se jetassent à la mer, pour gagner la terre à la nage. Un des matelots anglais l'aperçut et se hâta de mettre son chapeau sous la mèche enflammée, et de l'emporter. Le magasin contenait une énorme quantité de poudre ; et une seule étincelle qui serait tombée de la mèche enflammée, aurait fait sauter 325 malheureuses victimes enchaînées dans la cale. Ces monstres d'iniquité eurent les plus vifs regrets, après l'action, de voir manquer leur infernal projet.

La planche fait voir dans quel déplorable état furent trouvés les esclaves, au moment de la capture de ce bâtiment : les uns étaient couchés sur le dos, les autres assis à fond de cale. Ils étaient enchaînés les uns aux autres par les bras et par les jambes. Des colliers de fer étaient autour de leur cou. (Voyez *fig.* 6.) Pour ajouter encore à ces moyens atroces, une longue chaîne les attachait les uns aux autres, et allait s'adapter à plusieurs colliers, afin que leurs maîtres fussent encore plus sûrs qu'ils ne s'échapperaient pas de cette horrible prison. On trouva aussi dans le bâtiment des menotes destinées à servir d'instrumens de torture. Dans le désespoir que causait aux noirs la captivité et la souffrance, il leur arrivait souvent de se battre les uns les autres, et de décharger leur rage sur ceux qui étaient leurs voisins, en les mordant et en leur arrachant la chair. Quelques uns étaient serrés avec des cordes, et beaucoup avaient les bras horriblement déchirés. Plus de 150 moururent dans le trajet de Bonny à Sierra Leone. La goëlette espagnole de la Havanne fut séparée des autres bâtimens par une affreuse tempête, comme ils se rendaient dans ce port : elle se perdit, et 380 esclaves furent engloutis dans les flots ! Les autres bâtimens furent conduits à Sierra Leone : ceux d'Espagne y furent laissés, pour être jugés par la Commission mixte de la Grande-Bretagne et de l'Espagne. Les navires français furent envoyés en Angleterre, pour y être mis à la disposition du gouvernement, qui leur ordonna de se rendre en France. C'est pendant le séjour de *la Vigilante* à Portsmouth que le dessin en a été pris par un homme exact et habile. Tous les esclaves ont été mis en liberté, et distribués dans les villages de la colonie de Sierra Leone, où d'autres nègres ont déjà formé des établissemens; là ils ont trouvé, avec la liberté, toutes les facilités nécessaires pour s'instruire dans tout ce qui concerne l'agriculture et les métiers.

Après avoir achevé l'horrible récit qu'on vient de lire, jetons les yeux sur la planche qui l'accompagne, et arrêtons-nous quelques instans sur les émotions qu'elle fait naître dans l'âme de quiconque n'est pas abruti par une féroce cupidité. Figurez-vous, dans cet étroit espace, l'un gémissant sur la perte de toutes les affections qui l'attachaient à la vie, et fixant un morne regard sur les souffrances qui attendent les jours qui lui restent. Voyez l'autre, accablé de malaise, succombant à l'influence délétère de l'air impur qu'il respire ; voyez-le dans cette affreuse position, traité avec indifférence, ou même avec dureté, par les malheureux qui sont enchaînés à ses côtés. Regardez ce troisième, soumis à une horrible torture pour avoir refusé de prendre des alimens pour lesquels la maladie lui donne un invincible dégoût. Songez à d'autres qui cherchent un affreux soulagement à leurs angoisses et à l'amertume dont ils sont abreuvés, en se déchirant entre eux avec leur dents. Contemplez ce hideux spectacle de douleur, et demandez-vous ensuite : Quelle faute ont commise ces hommes, nos frères, les enfans de notre père commun ? Quelle injure ont-ils faite à leurs cruels persécuteurs ? Quel est le crime pour lequel on leur inflige ainsi la prison, la torture et la mort ? Aucun, aucun quelconque, sera la réponse. Ce sont de pauvres créatures innocentes et sans protecteurs.

Eh bien ! cette scène sanglante qui vous remplit d'une juste horreur, n'est qu'un exemple entre beaucoup d'autres, des cruautés qui se renouvellent chaque année dans des centaines de vaisseaux et sur des milliers de nos semblables. Tarderons-nous encore à élever la voix en faveur des Africains réduits en esclavage? Hésiterons-nous à signaler à l'indignation publique une œuvre de sang que chaque jour voit se renouveler? Non, sans doute. Tous nos devoirs, et de Français, et d'hommes, et de chrétiens, nous interdisent un coupable silence.

Des faits malheureusement trop avérés constatent l'insuffisance de la loi qui interdit la Traite des Noirs. Cette insuffisance est devenue si évidente que nous ne doutons pas que le gouvernement ne reconnaisse bientôt la nécessité d'adopter des mesures plus efficaces. Mais c'est à regret, c'est presque en rougissant que nous réclamons une législation pénale contre la Traite. C'est à la morale publique, c'est à la pudeur générale à faire justice d'un commerce que l'aménité de nos mœurs ne repousse pas moins que les lois éternelles de la justice. L'ignorance des faits peut seule expliquer la tiédeur de l'opinion sur ce point; car, nous n'en doutons pas, si ceux-là même qu'une déplorable avidité pousse à engager leurs capitaux dans un pareil trafic, connaissaient bien la perversité, la barbarie qui en sont les compagnes inséparables, ils reculeraient avec horreur; et, touchés de repentir, ils abjureraient pour jamais cette spéculation impie.

P. S. Par jugement du 5 mars 1823, le Tribunal correctionnel de Nantes a condamné les navires *la Vigilante* et *la petite Betsy*.

EXPLICATION DE LA PLANCHE

RELATIVE A L'AFFAIRE DE *LA VIGILANTE*.

Fig. 1. Section longitudinale du bâtiment.

2. Plan du second pont.

3. Plan des ailes, dans la chambre des hommes et celle des femmes, dans lesquelles on trouva les esclaves dont il s'agit, au moment de la capture, couchés sur une plate-forme, entre le premier et le second ponts. (1)

4. Plan du premier pont.

5. Section transversale du bâtiment, au-dessus de la ligne de flottaison.

6. Collier de fer attaché au cou des esclaves.

7. Cadenas du collier de fer.

8. Fers mis aux bras et aux jambes des esclaves.

	pieds.	p.
Longueur du premier pont, AA. *Fig.* 1....	76	5
Hauteur des entreponts..................	4	4
Longueur de la chambre des hommes, BB. *Fig.* 4...........................	34	8
Largeur de ladite chambre, CC..........	20	11
Largeur des plate-formes, dans la même chambre, DD. *Fig.* 3...............	4	11

---

(1) On trouva les esclaves couchés sur le dos, sur le premier pont, comme on les représente ici; ceux du centre étaient assis, quelques uns dans la posture qu'on leur donne dans la planche, et d'autres les jambes pliées sous eux, ne posant que sur la plante des pieds.

(8)

Longueur de la chambre des femmes, EE. pieds. p.
Fig. 4 13   5
Largeur de ladite chambre, FF 18   1
Largeur des plate-formes dans la chambre des
    femmes, GG. *Fig.* 3   4   6
Longueur de la cabine, HH. *Fig.* 4 16   10
Hauteur de la cabine   6   »
Longueur du second pont, II. *Fig.* 2 85   3
Largeur dudit pont, KK 20   10

N. B. Nombre des esclaves entassés dans la
chambre des hommes 227
    Idem, dans la chambre des femmes 120
                    Total des esclaves 347

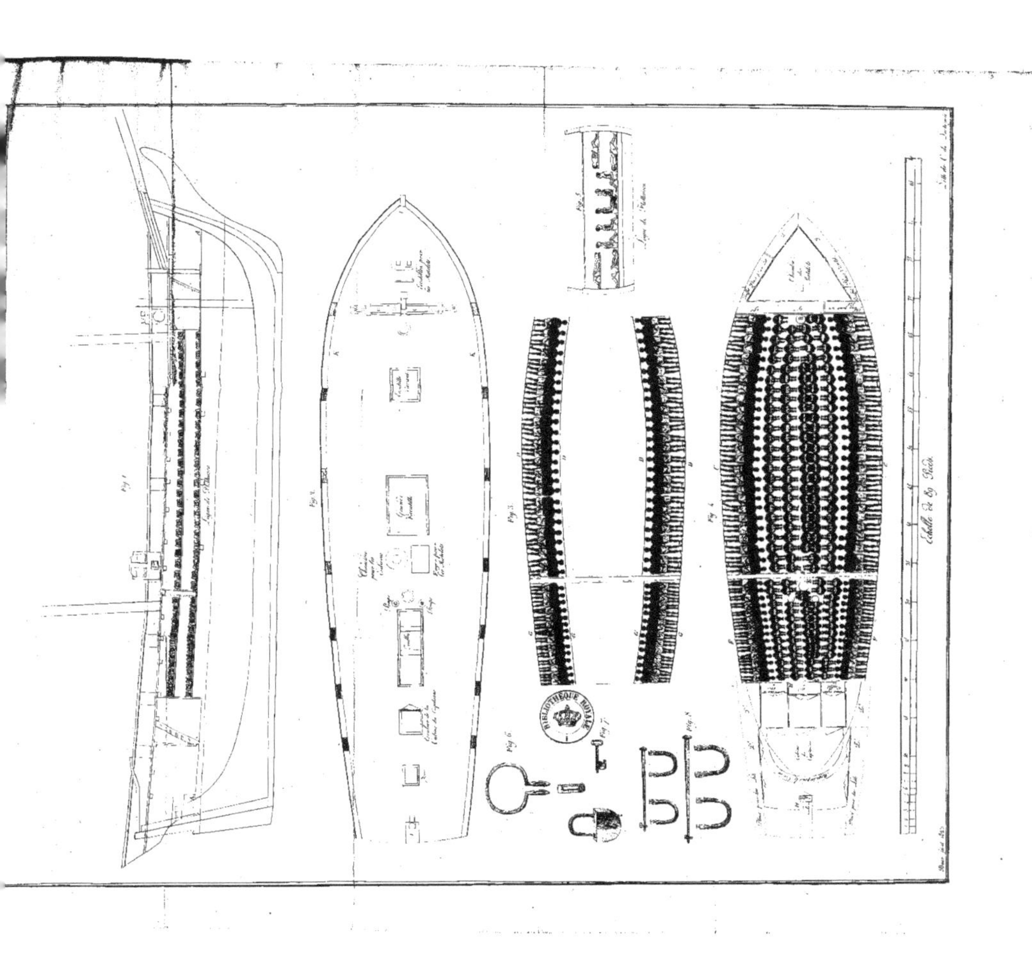